LE SALUT
DES PEUPLES EUROPÉENS

DANS LA

FRANCE RÉPUBLICAINE

SUIVI

D'UN PROJET DE CONSTITUTION

PARIS

E. LACHAUD, LIBRAIRE-ÉDITEUR

4, PLACE DU THÉATRE-FRANÇAIS

1871

A MONSIEUR H. VRIGNAULT

Rédacteur en chef de LA LIBERTÉ.

Toute douloureuse qu'est la défaite de nos armées, ce n'est pas assurément le moment de nous lamenter outre mesure, puisqu'elle est accompagnée d'un grand bienfait. Si notre désastre est au nombre des faits accomplis, le bienfait est là devant nos yeux, brillant, radieux : il nous convie à effacer de notre histoire cette page de boue sanglante qu'y a laissé le passage du second Empire. Ce bienfait, c'est la liberté absolue de disposer de notre avenir national, et de reconstituer une nouvelle France digne de son passé glorieux. Laissons donc les pleurs aux défaillants, aux pessimistes ; nous, les courageux, les optimistes, qui croyons dans la puissante vitalité de la France malgré ses revers, raidissons-nous contre l'adversité, et travaillons incessamment à lui montrer la voie qui mène à la vérité politique et à la grandeur. Tel est le but de cet opuscule.

Permettez-moi de le placer sous votre égide patriotique, et de vous renouveler l'expression de mes sentiments les plus affectueux.

P. DU BELLET.

LE SALUT DES PEUPLES EUROPÉENS

DANS

LA FRANCE RÉPUBLICAINE.

I.

Élevé dans le sang, le second Empire n'a vécu de corrup·
tion que pour tomber dans la boue. Avec Sedan, la légende
napoléonienne est morte : *Amen.*

Mais en succombant sous le poids de sa honte et de sa
criminelle impéritie, l'Empire nous a légué deux grandes
calamités : la guerre et le siége de Paris ; un grand bienfait : la République.

La France réveillée de sa torpeur, Paris entouré de ses
murailles de fer et de feu, la France et Paris ont prouvé leur
mâle virilité. Mais au lendemain de la paix, sauront-ils aussi
sûrement conserver ces libertés qu'ils se sont données à
l'heure du danger ?

Peut-être ne faut-il pas trop se plaindre des sanglantes
épreuves que nous avons subies. N'étaient-elles pas nécessaires pour purifier la France de vingt années de turpitudes
impériales, pour lui montrer à nu le cruel égoïsme des

gouvernements monarchiques, et pour enraciner plus profondément dans son cœur le désir et la volonté de demeurer républicaine ? Oui.

Le sang a lavé nos souillures.

Notre vaillante résignation nous a régénérés aux yeux de l'Europe, et les événements qui se sont déroulés sous les yeux de l'Europe porteront avec eux la condamnation irrévocable du principe monarchique.

S'ils ne le savent déjà, les peuples du continent apprendront que le premier acte de la *France républicaine* a été d'offrir la paix au vainqueur de Sedan ; que, sourd à la voix de l'humanité, *le roi de Prusse* a persisté à amonceler des cadavres aux portes de Paris ; ils comprendront que Guillaume, Bismark et Fritz n'aspirent à annihiler la puissance de la France que pour mieux les soumettre à sa brutale domination ; enfin, à moins que les peuples du continent ne s'obstinent à fermer les yeux, ils verront que les combats livrés sous les murs de Paris sont les combats de la liberté contre le despotisme des temps barbares.

Mais pour mieux éclairer nos frères, recherchons les causes déterminantes de la situation qui nous est faite : elles démontreront combien l'orgueil de ceux qui portent encore des couronnes fait peu de cas du sang de leurs sujets.

II.

Indignée d'une corruption systématique qui la ronge, la France s'agite ; elle veut sortir de cette atmosphère de fraudes électorales et administratives qui l'enchaînent au caprice d'un débauché ; elle désire s'affranchir de la brutalité d'un Rouher ou de la vaniteuse hypocrisie d'un Ollivier ; la France veut revenir à ses anciennes traditions d'honneur et de pureté, et mettre un terme aux spéculations honteuses qui se font au grand jour ; elle est fatiguée de l'impunité accordée aux escrocs de la haute finance qui se construisent des palais avec les épargnes soutirées au public ; elle est lasse de ces condamnations politiques dictées par un ministre sans conscience ; la France, le rouge au front, revendique ses droits et ses libertés. Eh ! voilà que l'homme du 2 décembre, qui l'a cyniquement exploitée pendant dix-huit ans au profit de partisans achetés et de favoris tarés, la lance froidement dans une guerre horrible pour ressaisir le pouvoir qui lui échappe et imposer à la France sa dynastie condamnée. Qui sait si, voyant ses projets déjoués par la défaite de Sedan, Louis Bonaparte n'a pas cru livrer la France et se venger de Paris en rendant une armée de héros ?

De son côté, le vrai roi de Prusse, Bismark, a dépouillé le Danemark et pris le Hanovre, il a fait Sadova sans provoquer la colère de l'Europe ; il veut reconstituer l'empire d'Allemagne et placer l'antique couronne de fer sur la tête caduque de son maître. Le seul obstacle à cette nouvelle absorption de l'Allemagne, c'est la France. Mais il a deviné la décrépitude de l'Empire, il a pu compter le nombre de ses soldats plébiscitaires, et il se prépare au combat mortel. Plus de honte, plus de repos : à Berlin, Bismark endort notre diplomatie et l'Europe, il ment, il ment encore, il ment toujours ; en France, il implante une armée de lâches espions qui ne viennent vivre de sa vie intime et de sa générosité que pour mieux la trahir et la frapper plus sûrement à l'heure de l'invasion projetée ; en Prusse, il arme, il arme encore, il arme toujours. Au mépris du traité de Prague, il enrôle l'Allemagne du Sud sous ses drapeaux. Il empoisonne l'esprit tudesque en lui montrant la France comme son ennemie-née. Et lorsque ses arsenaux sont pleins et ses cadres prêts, Bismark fait habilement surgir la question Hohenzollern, et d'un bond, il précipite une nation tout entière, armée de pied en cap, sur cet Empire vermoulu qui va idiotement se jeter dans la gueule du loup prussien.

L'Empire est vaincu ; l'Allemagne satisfaite va remettre l'épée au fourreau et accepter la paix des mains de la France républicaine ? Non.

Que font au roi Guillaume les centaines de mille cadavres qui ont pavé la route de Berlin à Versailles ? Rien, absolument rien : le sang qui coule sur son chemin ne fait que l'enivrer. Il lui faut dévorer la France pour mieux asservir les autres peuples du continent. D'ailleurs, ceux qui tombent ainsi, pendant qu'il réquisitionne nos villes et nos campagnes, ne sont pas des hommes ; pour le roi Guillaume, l'homme commence à peine au baron. Et Bismark nous l'a dit, la capitale du monde civilisé, la métropole des sciences, des lettres et des arts, ne renferme pas des hommes ; elle ne contient qu'une vile populace, tout au plus bonne à mitrailler.

Bismark a réalisé ses projets, mais il serait impossible au plus habile des romanciers d'imaginer un exemple qui caractérisât plus vigoureusement le mépris suprême que les rois professent pour le peuple, et qui plaidât plus éloquemment la cause des institutions républicaines.

Mais pendant que le sang plébéien rougissait la terre de France, qu'était l'attitude des autres souverains de l'Europe.

III.

Victor-Emmanuel, roi d'Italie de par la grâce de la France, consulte ses intérêts dynastiques. La simple reconnaissance lui ordonnerait de voler au secours de son allié : il aime mieux profiter de ses désastres militaires pour dépouiller le

Saint-Siége. Le peuple italien, obéissant aux nobles et chevaleresques impulsions de Garibaldi, montre au roi d'Italie le chemin de la France; le roi d'Italie prend la route de Rome. L'avenir seul nous dira si le cadavre romain pourra vivifier la royale Italie.

Les rois n'échappent point à la loi commune : il est des fardeaux qui broient les insensés qui osent entreprendre de les porter.

IV.

Effrayée des succès de la Prusse, l'Autriche tremble. Sa composition hétérogène inspire à François-Joseph de sérieuses appréhensions sur la solidité de son trône. Et Sa Majesté autrichienne préfère prolonger de quelques jours, de quelques heures peut-être, le charme du pouvoir impérial, sauf à être ensuite absorbé par l'empire d'Allemagne, que de prendre part à une guerre qui pourrait sauver son pays, mais dont le résultat serait l'affranchissement probable de ses différents peuples.

V.

L'Angleterre demeure au port d'armes : elle aussi, se trouve paralysée par des préférences dynastiques. L'empereur croyait avoir acheté le bon vouloir du gouvernement britannique au prix de la ruine de notre industrie nationale, mais il avait compté sans Victoria : Victoria est Allemande de sang et de cœur. Hantée par le *perosprit* du Cobourg Charles-Albert, elle rejette la politique anglo-française du prince de Galles. Et cependant, l'Angleterre, dont le traité commercial avec la France avait fait la fortune, a tout à craindre de la fondation d'un nouvel empire germanique.

Doué du même tempérament et des mêmes aptitudes que l'Anglais, l'Allemand, comme lui, s'implante volontiers et s'acclimate aisément sur toute la surface du globe. Il a envahi la France, l'Angleterre, la Russie, l'Amérique, la Chine et le Japon : l'univers appartient à son émigration, et, en raison du génie qui lui est propre, il se livre indifféremment à tous les métiers, à tous les commerces, et accapare toutes les professions. Il balaye les rues et dirige les grandes industries ; il purge les égouts et gouverne la haute banque. Il est le vrai, le seul rival commercial de l'Angleterre.

La France, vaincue et démembrée, livrerait Amsterdam à l'insatiable convoitise de la Prusse. A cheval sur la mer du Nord et sur l'Océan, ses flottes militaires et commerciales défieraient l'énergie britannique.

La négation de l'influence française conduirait infailliblement la Russie à Constantinople pour fermer à l'Anglais cette route de l'Inde. Eh bien ! la veuve du prince Albert, madame John Brown, envisage cette situation avec calme et indifférence. Le déclin possible du commerce de l'Angleterre et de son prestige politique lui importe peu. La splendeur de la couronne impériale que peut un jour ceindre le front de sa fille préférée, la princesse royale de Prusse, suffit à sa royale ambition. Heureuse de cette perspective, Victoria impose silence à l'héritier présomptif de la couronne, elle fait taire les murmures de son peuple. Et puis, il est si doux de voir humilier cette France aussi généreuse que justement redoutée !

VI.

La Russie supporte mal Sadowa : elle gémit sans doute du

désastre de Sedan, mais elle a conservé la mémoire de Mala-
koff : elle se recueille et attend probablement le moment où
l'épuisement du vainqueur et du vaincu lui permettra de
mettre la main sur le Bosphore sans coup férir.

VII.

Belges, Hollandais et Danois, frémissent d'impatience.
Sympathiques à la France, qu'ils considèrent, non sans raison,
comme le boulevard de leur indépendance et de leurs libertés,
ils sont prêts à se jeter sur leur futur conquérant ; mais là
encore trois dynasties, tremblant pour le sort de leur trône,
étreignent l'ardeur de leurs peuples et étouffent leurs sentiments d'intelligente générosité.

De quelque côté que nous sondions l'horizon politique, nous
nous heurtons au même obstacle, au même égoïsme ; partout
les royautés courbent honteusement le front devant le capo-
ralisme prussien, subissant lâchement la doctrine bismar-
kienne : « *La force prime le droit !* » Partout, nous voyons
les aspirations nationales impitoyablement sacrifiées à la sécurité des dynasties régnantes ; et cependant, tous ces
peuples, nos frères, n'attendent qu'un souffle régénérateur
pour secouer leur léthargie et renverser ces édifices politiques d'un autre âge, qui ne restent debout que pour défier
leur intelligence, insulter leurs mœurs et menacer leurs libertés.

VIII.

La France vient de secouer cette léthargie. Avec ses
désastres, elle a retrouvé son admirable élan et sa vaillante

énergie. Elle a reconquis ses libertés et proclamé la République.

Si ce cri de liberté a franchi les Alpes et les Pyrénées, il a traversé la Manche pour aller retentir jusque dans la libre Amérique; ce cri d'indépendance, acclamé par nos frères du continent, nous impose des devoirs impérieux : nous ne pouvons les trahir sans honte pour nous-mêmes, sans crime pour les peuples européens dont la France républicaine a sonné l'heure de la délivrance.

Le premier et le plus saint de ces devoirs est d'affirmer nos nouvelles institutions. Si nous les croyons assez puissantes pour nous débarrasser de l'ennemi qui foule notre sol et souille nos foyers, nous devons leur attribuer les vertus qui constituent les grands peuples. Il nous faut donc à tout prix sauver la France républicaine du vandalisme prussien, et surtout la préserver de nous-mêmes, afin qu'elle devienne le flambeau de l'Europe de 1870.

Deux fois, la République nous a ouvert ses bras; deux fois, elle nous a sauvés, et deux fois, notre tempérament l'a honteusement trahie.

La première fois, nous l'avons perdue par nos propres excès; la seconde, par notre manque de radicalisme.

Les excès de la première Révolution ont provoqué une réaction qui a fatalement engendré le premier Empire. Et, s'il n'a pas été sans gloire, il a certainement épuisé notre population et amoindri notre territoire.

Le défaut de radicalisme, en 1848, a laissé subsister toute une organisation politico-économique qui a permis l'accomplissement d'un coup d'État, qui, à son tour, nous a conduits à un abîme sanglant.

Avions-nous raison de dire que la légende napoléonienne doit être morte pour la France ?

Mais si la République contuple les forces vives des peuples

qui lui confient leurs destinées, par contre, c'est une maîtresse exigeante, une déesse jalouse qui demande le sacrifice absolu de tous les égoïsmes ; elle ne permet pas qu'on brûle impunément de faux encens sur ses autels. Elle s'éclipse au moindre souffle impur, et disparaît dès que sur sa bannière des adeptes trop pusillanimes ou trop violents laissent inscrire des théories fallacieuses ou sanguinaires à côté de sa noble devise :

Liberté, Égalité, Fraternité.

La France de 1791 a fièrement aboli les priviléges de castes : La France de 1871 doit porter une main résolue sur son administration et son organisation politico-économique. Laisser fleurir cette administration et cette organisation qui tiennent à la fois de la féodalité et du libéralisme ; maintenir cette organisation qui a substitué la puissance de l'argent aux priviléges de la noblesse, serait une faute grossière, immense. Cette faute nous exposerait au retour d'un passé néfaste, car elle pourrait mettre encore une fois au service d'un nouvel audacieux la puissance qui naît de la centralisation et de la théorie *des droits acquis,* théorie si séduisante pour les intérêts privés, toujours si prompts à vouloir primer l'intérêt public.

IX.

Nous avons souvent entendu faire l'éloge de la grande République américaine. La littérature, la presse et la tribune ont, tour à tour, vanté les institutions de ce peuple qui, né d'hier, constitue cependant une nation de géants. La littérature, la presse et la tribune avaient raison ; car ou cherchorait vainemont dans l'histoire des autres peuples un pareil exemple de prospérité. Les progrès do sa population so comptent par millions, ceux de son industrie et de son commerco par milliards, et, par sa politique, il ost à la fois un sujet de séduction pour les hommes intelligents, et de respect pour les gouvernements de l'Europe. A quoi l'Amérique doit-elle cette puissance si enviée du vieux monde? Uniquement à sa constitution politique et au grand art social avec lequel elle a su accorder les pouvoirs divers, en assignant à chacun sa sphère et sa mesure, de façon à servir les grands intérêts publics.

Puisque nous estimons tant les institutions qui ont fait la grandeur politique et la prospérité intérieure de l'Amérique, nous contenterons-nous toujours d'une admiration purement platonique ? Ne chercherons-nous jamais à nous les approprier? Ne devons-nous pas, profiter de la crise que nous traversons pour marcher sur les traces de cette libre Amérique dont nos pères ont été les parrains, et qui vient à son tour de baptiser la République de 1870? Sans hésitation, nous répondons: *Oui*. Le moment est venu de détruire de fond en comble notre organisation politique : la centralisation paralyse notre initiative ; l'administration, trop confiante dans son inamovibilité, étouffe systématiquement notre génie national; les priviléges et les monopoles professionnels tuent le progrès, découragent l'intelligence et finissent tôt ou tard par décapiter les républiques. Louis XIV a dit : « L'État, c'est moi. » Interrogez la corbeille qui trône dans le temple du veau d'or; elle vous répondra : « La France, c'est nous: nous sommes la fortune publique, » et c'est elle qui, prêtant une main avide à toutes les honteuses spéculations du second Empire, a inventé la vente à terme, sous le prétexte fallacieux de soutenir le crédit national ; c'est elle qui a donné des lettres patentes à ces grandes maisons de jeu de la place Vendôme qui ont engouffré la fortune publique ; c'est encore elle qui a inventé cette légion de gros faiseurs dont l'unique occupation a été de ruiner les familles honnêtes et les honnêtes travailleurs, sans que la justice impériale ait osé flétrir les coupables.

Ah ! nous qui aimons la France, nous espérons que l'heure de la justice a sonné et que le moment d'opérer des réformes radicales est arrivé. Les grandes douleurs de la nation étoufferont les plaintes mesquines de l'individu. Au milieu des désastres généraux qui nous affligent, les infortunes personnelles passeront inaperçues. Notre maison est saccagée, lésardée ; pour Dieu ! ne cherchons pas à la replâtrer, nous ne ferions que de mauvais ouvrage. Ayons le courage de la renverser ; donnons-lui des fondations vraiment républicaines, et, sur ces fondations, construisons un édifice solide qui pourra défier l'action du temps, un édifice contre lequel viendra se heurter et périr tout esprit de retour vers un passé déchu et condamné.

Ne permettons plus aux questions de personnes de s'imposer à nous : elles seraient désastreuses pour nos libertés. La France de 1870, blessée dans son honneur et dans sa dignité, s'est, au 4 septembre, réveillée républicaine. Elle a foulé la couronne impériale à ses pieds ; elle aura l'énergie de broyer les obstacles qui pourraient entraver sa régénération politique. Mais au nom de tout ce qui nous est cher, au nom de la patrie en danger, pas de Commune, pas de Comité de salut public. Tous les grands mouvements populaires ont enfanté des fiévreux qui, dans leur délire, croient être la personnification du peuple ; des ambitieux qui, s'accommodant mal d'une obscurité méritée, ne courtisent l'émeute que pour se jouer des vertus civiques et tromper les aspirations nationales ; des énergumènes qui se donnent pour républicains et qui, en réalité, ne sont que les croque-morts des républiques assez folles ou assez ineptes pour se confier à eux. Ceux-là, il faut les envoyer à Charenton jusqu'à ce qu'ils aient recouvré la raison. Les républiques se fondent à l'aide de vertus patriotiques comme celles qui ont illustré Washington; les sociétés politiques s'écroulent sous les violences d'un Pyat, d'un Blanqui ou sous le cynisme insensé d'un Mottu. Que les rouges le sachent! la probité de Washington a fondé l'union américaine; la Commune a tué la liberté et la guillotine de Marat n'a jamais produit que la mort. Donc, pas de Commune, pas de Comité de salut public, mais une mâle résolution de détruire les abus qui ont énervé notre virilité, une volonté inébranlable de faire respecter la loi, seule souveraine légitime d'un peuple libre.

Est-il donc si difficile d'imiter le grand patriote américain? Non. Washington ne possédait pas le génie exceptionnel que l'on pense. C'était tout simplement un homme de bon sens, un homme foncièrement honnête. En raison même des circonstances, et du milieu dans lesquels il naquit, son instruction dut être négligée; mais il fut élevé par une mère vertueuse et chrétienne qui développa chez lui l'amour du bien et le sentiment de l'honneur.

Général de l'armée révolutionnaire, Washington sut être le plus sobre et le plus dévoué des soldats de l'indépendance américaine. Arrivé à la présidence, il voulut demeurer étranger à toute préoccupation systématique, à toute ambition égoïste. Il refusa de mettre le pouvoir au service d'un intérêt privé ou d'une pensée qui fussent opposés aux aspirations de sa patrie. Son grand mérite, son vrai, son seul talent politique a été de savoir rester le chef de ses concitoyens sans cesser d'être leur représentant. Il avait deux adorations: Dieu et la loi. Il s'inclinait devant le premier; quelles que fussent ses amitiés personnelles, il n'hésita jamais à faire triompher la seconde.

Allons, sachons faire comprendre à la France que la République n'est pas forcément l'absence de l'ordre; prouvons-lui que, contrairement aux assertions mensongères et intéressées des gouvernements monarchiques, la République n'est pas la négation de la loi. Disons-lui que la République ne diffère des autres gouvernements que par la forme, et qu'elle peut maintenir l'égalité des droits et des charges entre tous les citoyens sans distinction de position sociale.; protéger la famille et la liberté religieuse, faire respecter les propriétés, réprimer les abus par la juste et sévère application des lois, et la cause de la République sera vite gagnée; car, déjà, sans le savoir peut-être, la France est éminemment républicaine par ses mœurs égalitaires, et pour l'être politiquement, il ne lui faut plus que l'assurance que, dans la République, elle peut trouver l'ordre, la sécurité et la stabilité.

A ce point de vue, les journées du 31 octobre et du 22 janvier ont été des plus salutaires, car elles ont démontré l'impuissance radicale des factieux, quand ils s'attaquent au vœu de la nation. Toutefois, ces journées portent avec elles un enseignement qu'il est bon de méditer : elle prouve combien les États-Unis sont sages et logiques quand, en plaçant invariablement leur capitale politique hors les grands centres de populations, ils dérobent ainsi leurs gouvernements aux coups de main des émeutiers. Il est inutile de développer ici cette question importante : Paris et la France ont déjà compris que leur grand danger était moins dans les forces réelles de la Prusse que dans l'isolement de leur capitale politique.

Les peuples du continent nous contemplent. Ils attendent avec impatience la consécration de la République française pour venir se grouper autour d'elle ; ne trompons pas l'attente de nos frères. Soyons l'étoile des libertés européennes, le châtiment des ambitions monarchiques qui, depuis des siècles, versent comme de l'eau le sang des peuples du continent.

X.

Au moment de mettre sous presse, quelques personnes mieux intentionnées que bons patriotes, prétendent que, loin de partager le sentiment politique de Paris, la France préférera se jeter encore une fois dans les bras de la monarchie, que d'accepter la République. Et cela, parce que tout en désirant l'application générale de ses principes régénérateurs et vivifiants, elle persistera à confondre cette forme de gouvernement avec le règne du désordre et de la terreur.

Nous ne savons pas ce que l'avenir réserve à cette France si belle; mais nous croyons devoir nous inscrire en faux contre une pareille supposition. Quoi ! au lieu de répudier le principe qui, après trois révolutions, a pu finalement nous conduire au désastre de Sedan, nous ne trouverions pas d'autre moyen de salut que de recourir à cette monarchie qui nous a perdus !

Quoi ! après cette terrible leçon, leçon sans parallèle dans notre histoire, nous ne saurions pas rester maîtres de nos destinées nationales ! Quoi ! nous admirons les institutions grandioses de l'Amérique, et nous n'oserions les implanter sur notre sol généreux parce qu'à la fin du siècle dernier, la France, abêtie par trois cents ans de despotisme, n'a pas su écraser le Comité de salut public et se débarrasser d'un Marat !

Il est temps, grand temps de faire justice de ce spectre rouge, de cette légende sanguinaire d'un âge d'ignorance que les royalistes tiennent suspendue sur la France pour effrayer nos paysans. Croire, aujourd'hui, à l'intronisation possible de la guillotine, c'est insulter notre bon sens, et si des entrailles de la République de 1870 il pouvait sortir un Robespierre ou un Marat, à défaut d'hommes assez courageux, il se trouverait parmi nous des milliers de Charlotte Corday, pour lancer de pareils monstres dans l'éternité.

Le 31 octobre nous a démontré ce que l'éducation politique peut faire sur un peuple. De nos jours, un Marat ne pourrait être qu'une affreuse caricature, *un Croquemitaine* dont les gamins de Paris auraient vite raison.

Nous nous refusons donc à croire que le peuple français, si intelligent en toutes choses, puisse supposer, un seul instant, qu'un gouvernement républicain doive être fatalement privé de la force morale nécessaire pour protéger les droits civils et politiques des citoyens qu'il est appelé à gouverner. Cette supposition est complétement erronée : c'est le contraire qui est la vérité : car le gouvernement du peuple par le peuple, émanant directement du peuple, se trouve, par ce seul fait, muni de la force multiple inhérente au peuple lui-même ; et, cette force multiple doit être supérieure à celle que possède une individualité que le hasard fait naître dans l'alcôve d'un roi. C'est dans le peuple que réside la force suprême des nations, car cette force vivifiante renaît, pour ainsi dire, chaque jour et à chaque heure, avec le sang même de ses nouvelles générations qui arrivent successivement à la direction de ses affaires.

Et n'avons-nous pas vu déjà les effets de cette puissance suprême ? Qu'était la France au lendemain de Sedan ? Une grande épave politique flottant à la merci de la tempête si follement déchaînée sur elle.

Un ennemi formidable s'avance sur Paris, et l'administration, esclave d'une routine séculaire, *ne sait pas* secouer son crétinisme habituel ; plus préoccupés de la chute de leur maître que du salut du pays, les ministres et leurs préfets à poigne *ne savent* pas livrer des armes aux Français, dont on égorge les femmes et les enfants ; nos envahisseurs, ces bandits qui ont juré d'annihler la France, se répandent sur notre territoire, et le bras du peuple, que l'Empire, fidèle aux traditions monarchiques, a traité en ennemi, est complétement désarmé. La France, paralysée par une trop longue inertie, *ne sait* plus utiliser ses ressources et sa valeur ; une population virile, énergique est là, frémissante, prête à se lancer sur les vautours prussiens, et pas un homme, pas un principe ne surgissent pour réunir autour du drapeau national ces vengeurs de la France ! Arrive le 4 septembre, et, avec la République, Paris recouvre ses libertés ; déjà sa consternation se change en une mâle résolution : avec la République, la France militaire ressuscite. D'où vient donc cette métamorphose ? Hier, nous étions des *sujets* qu'on menait au feu pour défendre une dynastie plus ou moins apocryphe ; aujourd'hui, nous sommes des *hommes* conscients, des citoyens intéressés à *la chose publique*, responsables de *la chose publique ;* des citoyens que la patrie outragée appelle aux armes pour venger ses affronts, et devant une mère qui crie : « Au secours ! » plus d'indécision ; les poltrons deviennent des braves, les braves des héros.

« La République est le gouvernement qui nous divise le moins, » a dit M. Thiers. Malgré son immense talent et son indiscutable patriotisme, M. Thiers s'est trompé. Il aurait dû dire : « La République est le seul gouvernement capable de faire de la France une *unité politique et nationale.* » On brise les royautés indignes, on ne discute pas la patrie. Or, qu'est la patrie ? sinon la famille, le foyer, la religion, la liberté ; enfin, tout ce qui est cher au cœur de l'homme ? Qu'est la patrie ? sinon la chose qui appartient à tous sans distinction de positions sociales, *la chose publique : Res publica,* la République. Aussi, Paris républicain, vient-il d'écrire une des plus belles pages de l'histoire de France. A l'approche du Prussien, Paris, la ville de l'élégance, du luxe et des plaisirs faciles, se transforme en une place de guerre. Les enfants, les hommes, les vieillards, descendent dans les rues, portant l'arme au bras ; on se regarde, on se compte, on apprend à se connaître ; riches et pauvres se coudoient ; la main noircie et endurcie par le travail presse la main blanchie par l'oisiveté. On cause familièrement de la chose publique ; on n'est plus médecin, journaliste, avocat ou chiffonnier ; non, tous et chacun ne sont plus que des soldats rivalisant de zèle et apprenant l'art de combattre un ennemi commun ; tous ont scellé le pacte de la concorde. Les voix malencontreuses des Blanqui et des Pyat essayent en vain de troubler l'harmonie patriotique qui unit ces cœurs vaillants ; et devant cette concorde et cette harmonie, premier triomphe de la France républicaine, la Prusse s'arrête déconcertée ; Paris lui résiste, il lui faut trouver un autre plan de campagne. Mais voyez là-bas ces hauts-fourneaux dont les flammes éclairent les nues ; écoutez le bruit de ces marteaux qui tombent sur l'enclume : c'est la France qui se réveille, c'est l'industrie privée qui, dégagée des entraves administratives, forge les armes, les canons et les boulets qui vont refouler la Prusse au 30 novembre. Ici, ce sont des femmes qui fabriquent des cartouches ; là, nos mères, nos filles et nos sœurs qui, portant sur leur chaste poitrine cette croix rouge, emblème de la divine fraternité, prêchée par le Christ, courent aux ambulances porter de douces consolations à ceux qui meurent pour la patrie.

Voilà ce que la République a fait de Paris : il était la capitale du monde civilisé ; devant l'invasion de la Prusse il est devenu la capitale des vertus civiques. Paris, en un jour, s'est montré digne de la République, digne de la France, digne des peuples qui l'admirent, et qui attendaient impatiemment sa délivrance ! Et si, malgré sa vaillance, il est tombé, l'histoire nous dira sur qui doit peser la responsabilité de sa chute.

Sans aucun doute, il existe encore parmi nous des faux sceptiques prêts à nier la vigoureuse et salutaire influence de la République. Mais ayez le courage de lire au fond de leurs pensées intimes, et vous verrez bientôt que les uns sont d'anciens dignitaires qui regrettent de ne plus émarger les émoluments de leurs honteuses sinécures, soldés avec le produit du travail public; les autres, des incapacités ambitieuses qui, pour fleurir, ont absolument besoin de la faveur monarchique; des accapareurs qui vivaient des complaisances de l'administration, des impuissants qui, comme dit Pierre David, aspirent à devenir les valets stipendiés d'un ministre accrédité : tous des nullités qui savent devoir périr au grand jour de la justice républicaine.

Les hommes sérieux et intelligents, les manœuvres comme les travailleurs de la pensée, n'en sont plus à ignorer qu'un roi *ne peut rien* sans le peuple, et que le peuple *peut tout* sans un roi. Pourquoi dès lors rouvrir les portes de Paris à une nouvelle monarchie, qui serait forcément accompagnée de son cortége de luxe, de faveurs, de corruption et de prostitution? Ah! si tout cet héritage de sang et de crimes qui nous est légué par l'Empire, devait fatalement ramener la France au principe royaliste, que la province épargne à Paris la honte d'être encore sa capitale politique ! Paris possède aujourd'hui les vertus civiques qui font les grands peuples ; il est devenu le soldat de la liberté; il ne saurait plus être la ville des débauches et des pasquinades monarchiques.

Mais si nous nous trompons, si, contrairement à nos prévisions, contrairement à la raison, et sans tenir compte de la leçon qu'elle vient de recevoir, la France se laissait follement entraîner vers la royauté, il faudrait qu'elle se mît en garde contre le vide de certaines expressions politiques : les mots « *monarchie constitutionnelle, responsabilité ministérielle* » sonnent sans doute très-bien à l'oreille démocratique ; mais ils sont trop élastiques pour garantir nos libertés d'une manière efficace contre les ambitions d'un souverain, presque toujours incompatibles avec les aspirations du peuple ; et, en effet, il est impossible qu'un roi se désintéresse assez de la chose publique pour qu'il puisse demeurer indifférent aux questions politiques capables de faire tomber un ministère. Notre propre histoire dément complétement la justesse de la théorie *constitutionnelle*. Charles X a trouvé des ministres *constitutionnels* pour signer les ordonnances de juillet ; les ministres de Louis-Philippe ont signé les lois de septembre et prohibé les banquets électoraux ; enfin, le cabinet soi-disant *constitutionnel* de L.-N. Bonaparte n'a pas hésité à livrer la France aux armées de la Prusse : trois souverains *constitutionnels*, trois *ministères responsables* qui ont sacrifié successivement les chartes de nos libertés populaires à des intérêts dynastiques.

Puisque le passé établit que l'essence du principe de la monarchie constitutionnelle est la violation plus ou moins éloignée, mais *certaine* de la constitution elle-même, il serait au moins enfantin de notre part d'adopter une forme de gouvernement que nous saurions devoir fatalement aboutir à une quatrième révolution. Si, méprisant toutes les leçons de notre histoire contemporaine, il nous faut absolument retourner à la monarchie ; si la France ne peut se passer d'un fétiche couronné, il nous paraît beaucoup plus simple, et surtout plus logique, de nous donner un roi responsable devant le pays de la façon dont il exécutera les pouvoirs *exécutifs spéciaux* qui lui seront *spécialement* délégués par le peuple, et de maintenir dans le peuple, c'est-à-dire dans les Chambres émanant du suffrage universel tous les pouvoirs exorbitants accaparés aujourd'hui par l'administration, qui a fini par substituer *l'unité administrative* à l'unité politique et nationale de la France.

Mais non, plus de France monarchique. Soyons l'étoile des libertés européennes, le châtiment des ambitions monarchiques qui depuis des siècles versent comme de l'eau le sang des peuples du continent.

AU

PEUPLE FRANÇAIS

« Tout Américain a deux patries:
la sienne et la France. »

Thomas Jefferson.

Habitant Paris depuis bientôt quinze ans, j'ai suivi la marche ascendante et la décadence de l'Empire. Et pendant que l'audacieuse impudence des hommes qui ont tour à tour personnifié l'absolutisme impérial révoltait mon sens politique, j'admirais le courageux talent de cette opposition qui, pendant dix-huit ans, n'a jamais cessé de combattre pour la liberté.

Comme tout ce qui milite au nom de l'honneur et de la justice, l'opposition devait triompher du mensonge. Elle a triomphé. Mais ce triomphe ne serait qu'éphémère si la France ne savait en profiter pour fonder un gouvernement indestructible du peuple par le peuple, et mettre une barrière infranchissable entre la monarchie, autour de tous nos maux, et la République qui lui promet toutes les prospérités.

L'Empire s'est effondré. Dans quelques jours, le Gouvernement de la défense nationale déposera ses pouvoirs aux pieds de l'Assemblée nationale. Rendue à son libre arbitre, maîtresse de ses destinées, la France est appelée à disposer d'elle-même. Quelle que soit sa décision ultérieure, elle a un devoir impérieux à remplir; celui de ne se livrer à aucun gouvernement avant d'avoir adopté une loi organique, *une Constitution* qui consacre ses droits, ses libertés politiques et religieuses et son indépendance de la façon la plus absolue. Cette Constitution ne doit plus être un leurre, une lettre morte. Il faut qu'elle admette des institutions puissantes qui provoquent les citoyens à défendre leurs libertés et à contrôler le pouvoir en le partageant. C'est ainsi qu'on arrive au grand art social et politique d'accorder les pouvoirs divers, en assignant à chacun sa sphère et sa mesure; accord facilement obtenu quand un peuple a la volonté de fonder un gouvernement durable, un gouvernement dont les fonctions diverses sont dévolues à de grands corps différents, dont l'action respective se trouve coordonnée par une *Constitution*, placée elle-même sous l'égide d'une haute cour de justice entièrement indépendante, et planant au-dessus du chef de l'État, des corps constitués et de tous les intérêts individuels et politiques.

Telle est la philosophie politico-économique du projet de

constitution que j'ai eu la pensée de préparer à l'intention du peuple français.

La première lecture de la Constitution ci-contre ne révélera peut-être pas l'extrème simplicité de son mécanisme; mais si on veut prendre la peine d'approfondir chac..... ..e ses clauses, et rechercher les conséquences immédi.... ...le leur application, on sera sans doute surpris de leurs effets pratiques. Prenons un exemple.

Depuis que j'ai l'âge de raison, je ne crois pas avoir passé un jour sans entendre formuler des plaintes très-sérieuses, souvent très fondées, tant contre les fonctionnaires publics que contre le mauvais vouloir, la lenteur et la force d'inertie de la bureaucratie, sans parler de l'hostilité très-accentuée des comités administratifs contre l'initiative de la grande industrie. Ces plaintes ont été invariablement et de tout temps accueillies par des fins de non-recevoir, dont la plus commune est celle-ci : « Que voulez-vous? on ne peut cependant changer tout un système en un seul jour pour plaire à une individualité. On y remédiera. » Et le remède promis n'ayant jamais été appliqué, il en est résulté que l'administration dirigée par nos Excellences nous a conduits d'abord à la honteuse défaite de Sedan, ensuite à la reddition de Metz, enfin à la placide capitulation de Paris.

La France sait-elle comment ces faits ont pu s'accomplir? Sous le régime despotique, un ministre est un favori, un homme de cour dont la science principale consiste à être bien caparaçonné, bien galonné, dont le temps se passe à recevoir les protégés de son maître, et à leur distribuer ses largesses, et qui, obligé de se fier à ses subalternes, devient *ipso facto*, l'esclave de la bureaucratie qui, elle, règne en souveraine et dispose de nous avec un laisser-aller tout royal.

Sous le régime constitutionnel, le ministre est beaucoup moins galonné, mais toujours désireux avant tout de conserver ce portefeuille attrayant auquel sont attachés tant de doux priviléges. Son Excellence passe généralement son temps à plaire à Sa Majesté et à courtiser le bon vouloir des Chambres, à fausser un peu la pureté électorale quand la situation politique l'exige, et à obéir beaucoup à la routine de ses subordonnés, dès lors maîtres absolus de la façon dont se font nos affaires publiques. Ayez une demande à faire, et heurtez innocemment les susceptibilités de la hiérarchie du fonctionnarisme et de la bureaucratie, et vous saurez ce que peut coûter une pareille imprudence.

Sous un régime comme celui du Gouvernement de la défense nationale, il est difficile de dire ce que pouvait être un ministre. C'est un régime bâtard heureusement peu usité en politique sérieuse. Son étiquette républicaine était collée sur une boutique impérialiste. Si les ministres de ce gouvernement n'ont pas toujours réalisé leurs bonnes intentions, c'est que probablement elles ont été souvent étouffées dans leur berceau.

Pour faire disparaître instantanément cet état de choses si

funeste au progrès, si contraire aux aspirations de la France,
il suffirait d'adopter les clauses de la Constitution ci contre,
car alors que le secrétaire d'État n'est plus que le directeur
général responsable du département placé sous sa surveil-
lance, les véritables ministres politiques, gérant nos affaires
publiques, se trouvent être les comités spéciaux élus par la
chambre, et la bureaucratie se transforme aussitôt en simples
commis soumis aux ordres des comités législatifs.

Il en est de même de toutes les clauses de ce travail in-
spiré par la Constitution des États-Unis. S'il peut contribuer
à développer la grandeur de la France et à perpétuer ses
libertés civiles, politiques et religieuses, il sera plus que
récompensé, car il m'aura permis de reconnaître la généreuse
hospitalité de la France, que je considère comme ma seconde
patrie.

P. DU BELLET.

PROJET DE CONSTITUTION

PRÉAMBULE.

Nous, le peuple français, agissant en vertu des droits inhérents à la souveraineté nationale, et voulant établir la justice, la tranquillité, accroître le bien-être général et garantir les bienfaits de la liberté à nous-mêmes et à notre postérité, décrétons et établissons cette Constitution.

Nous la déclarons être *la loi suprême de l'État* et voulons qu'elle prime non-seulement toutes les lois existantes, mais aussi toutes celles qui pourront être votées par le pouvoir législatif de la République française.

ARTICLE PREMIER.

Distribution des pouvoirs.

§ 1. Les grands pouvoirs de la République française sont divisés en trois départements, et l'administration de ces trois départements sera confiée à trois grands corps distincts qui seront dénommés comme suit :

Le pouvoir législatif,

Le pouvoir exécutif,

Le pouvoir judiciaire.

§ 2. Les attributions de chacun de ces départements sont spécialement définies, et ces départements ne pourront exercer que les pouvoirs qui auront été délégués à chacun d'entre eux, excepté dans les cas particuliers expressément mentionnés ci-dessous.

§ 3. Aucun fonctionnaire public attaché à l'un de ces départements, ne pourra être employé dans aucun des deux autres à quelque titre que ce soit.

Art. 2.

Du pouvoir législatif.

§ 4. Le pouvoir législatif est confié à une Assemblée générale qui se composera de deux Chambres, savoir :

La Chambre des représentants,

La Chambre exécutive.

§ 5. Les membres de la Chambre des représentants seront élus pour une période de deux ans, à compter du jour de leur élection.

§ 6. Nul ne pourra être représentant à moins d'avoir atteint l'âge de vingt-cinq ans et d'habiter, au moment de son élection, la circonscription dans laquelle il aura été choisi.

§ 7. La représentation à la Chambre des représentants sera répartie d'une façon égale et uniforme par l'Assemblée générale, c'est-à-dire que chaque circonscription électorale établie par la loi aura droit à un nombre de représentants correspondant au chiffre de sa population; ainsi, étant donné que la nouvelle loi électorale accorde un représentant à chaque groupe de mille habitants, chaque circonscription aura droit à autant de représentants qu'il comptera de fois mille habitants.

§ 8. Les circonscriptions électorales seront établies pour une période de dix années ; elles ne pourront être modifiées qu'en vertu d'une nouvelle loi.

§ 9. Par exception à l'uniformité de la représentation, la délégation représentative de Paris est fixée à... représentants, qui seront élus par la ville tout entière et non pas par arrondissement.

§ 10. Quand des vacances se produiront, l'autorité exécutive convoquera les électeurs pour les remplir.

§ 11. La Chambre des représentants choisira son président et ses autres officiers.

§ 12. Après sa constitution, la Chambre nommera chaque année, et pour toute la session, à la simple majorité des voix, dix comités, composés chacun de neuf membres, qui éliront leurs présidents respectifs dans leur propre sein.

Ces comités prendront les dénominations suivantes, savoir :

Comité des affaires étrangères,

Comité des finances,

Comité de la guerre,

Comité de la marine,

Comité des affaires intérieures,

Comité des cultes et de la justice,

Comité de l'instruction publique,

Comité des travaux publics,

Comité du commerce,

Comité des beaux-arts ;

Et le président de chacun de ces comités aura *le droit* d'y convoquer les secrétaires d'État de chacun des départements correspondant à leur titre, à l'effet d'obtenir d'eux tous renseignements, tous documents et tous dossiers qu'il jugera nécessaires pour éclairer lesdits comités.

La Chambre des représentants pourra, toutes les fois qu'elle le croira utile, déléguer un comité spécial pour inspecter les différents départements d'État; elle pourra mettre en accusation tous fonctionnaires publics.

§ 13. La Chambre exécutive se composera d'un représentant pour chaque département. Les membres de la Chambre exécutive seront élus pour six ans; mais dès qu'ils se réuniront, il en sera fait, par tirage au sort, trois classes aussi égales que possible. Les siéges de la première classe seront vacants à l'expiration de la deuxième année, de la seconde classe à l'expiration de la quatrième année, de la troisième classe à l'expiration de la sixième année, de manière à en réélire un tiers tous les deux ans ; et, s'il se présente des vacances, le pouvoir exécutif devra convoquer les électeurs des départements pour remplir ces vacances, mais les nouveaux membres ainsi choisis ne seront élus que pour le temps qu'avait à faire le membre qu'il remplacera.

§ 14. Nul ne pourra être élu membre de la Chambre exécutive à moins d'avoir l'âge de trente ans et d'habiter le département dans lequel il aura été choisi.

§ 15. Le vice-président de la République française présidera la Chambre exécutive. Mais il n'aura droit de vote qu'en cas de partage. La Chambre exécutive choisira ses autres officiers. Dans le cas où le vice-président serait empêché temporairement, elle nommera chaque jour un président *pro tempore* à l'effet de présider à ses délibérations. Dans le cas où le vice-président viendrait à décéder ou serait appelé à remplir les fonctions de président par suite du décès de celui-ci, l'Assemblée générale se réunira afin d'élire son successeur conjointement et à la simple majorité. Ce successeur deviendra *ipso facto* le vice-président de la République.

§ 16. La Chambre exécutive aura seule le pouvoir de juger

les fonctionnaires publics mis en accusation par la Chambre des représentants.

§ 17. Quand elle siégera comme cour de justice, la Chambre exécutive sera présidée par le juge président de la *haute cour de constitutionnalité*, dont il sera ci-après parlé. Pour être exécutoires, ses arrêts devront être prononcés à la majorité des deux tiers des membres présents.

§ 18. Les époques, lieux et mode d'élection des membres des deux Chambres seront réglés par l'Assemblée générale.

§ 19. L'Assemblée générale se réunira chaque année, le premier lundi de janvier.

§ 20. Chaque Chambre est juge des élections, de leur régularité et de l'éligibilité de ses propres membres ; elle fait son règlement, punit ses membres pour conduite inconvenante, et, à la majorité des deux tiers, peut prononcer leur expulsion. Elle peut traduire à sa barre l'auteur de tout écrit attaquant sa dignité, et, à la majorité des deux tiers, le condamner à une détention qui ne pourra excéder un mois.

§ 21. Chaque Chambre tiendra un journal de ses actes ; leur séance sera publique.

§ 22. Pendant la session de l'Assemblée générale, aucune des deux Chambres ne pourra, sans le consentement de l'autre, s'ajourner à plus de trois jours.

§ 23. Les membres de chaque Chambre recevront pour leurs services une indemnité de 12,000 francs par an.

§ 24. Ils ne pourront, en aucun cas, sauf ceux de trahison, de félonie et de violation de la paix publique, être arrêtés pendant la session de l'Assemblée générale, ni pendant l'aller et le retour.

§ 25. La haute cour de constitutionnalité sera seule compétente pour statuer sur ces cas de trahison, de félonie ou de violation de la paix publique, et, selon sa décision, l'incriminé sera mis en liberté ou renvoyé devant les tribunaux de juridiction ordinaire.

§ 26. Toutes lois budgétaires devront prendre naissance dans la Chambre des représentants : la Chambre exécutive peut y proposer des amendements comme pour toutes les autres lois, sans pouvoir cependant en retrancher ou ajouter de nouveaux chapitres sous forme d'amendements.

§ 27. Aucun projet de loi n'aura de force exécutoire qu'après avoir reçu la sanction présidentielle. Si le président croit devoir refuser de donner cette sanction, il renverra la loi à la Chambre dans laquelle elle aura pris naissance, avec ses objections. Cette Chambre fera consigner sur son journal les objections présidentielles et procédera à une nouvelle délibération, et si, après cette nouvelle délibération, le projet de loi renvoyé par le président réunit une majorité des deux tiers des membres présents, il sera envoyé, avec les objections du président, à la seconde Chambre, qui procédera, comme la première Chambre, à un nouveau vote ; et si le projet de loi est approuvé une seconde fois par les deux tiers de la seconde Chambre, le président sera tenu de la promulguer. Dans ce cas, les votes des deux Chambres sont pris au moyen de l'appel nominal, et les noms et les votes de chaque membre seront consignés sur le journal respectif de chaque Chambre.

Toute loi qui n'aura pas été renvoyée par le président, dans les dix jours de la présentation qui lui en aura été faite, aura force de loi, tout comme si le président l'avait signée, à moins que dans l'intervalle l'Assemblée générale se soit ajournée.

Art. 3.

Droits et pouvoirs de l'Assemblée générale.

§ 28. L'Assemblée générale aura seule le droit d'établir les contributions, droits, impôts directs et indirects, de payer les dettes de l'État, et de pourvoir à la défense et à la prospérité nationales. Mais toutes contributions, droits, impôts directs et indirects devront être uniformes dans toute l'étendue du territoire de la France ;

De faire tous emprunts, d'en déterminer les conditions et de prescrire le mode de leur amortissement ;

De régler le commerce intérieur et extérieur ;

De battre monnaie, d'en fixer la valeur, ainsi que celles des monnaies étrangères, et de fixer l'étalon des poids et mesures :

De régler le service de la poste ;

D'encourager les progrès des sciences et des arts ;

De déclarer la guerre et de faire la paix ;

De lever et d'entretenir les armées de terre et de mer ;

De pourvoir à l'armement de la garde nationale et de décréter son mode d'organisation,

Et généralement de voter les lois que pourra nécessiter la mise à exécution des pouvoirs ci-dessus énumérés et de tous autres pouvoirs dont est investi par la présente constitution le gouvernement de la République française, et notamment celui de pourvoir à une meilleure organisation des tribunaux, et plus spécialement à celle des cours d'assises et des cours de police correctionnelle, le tout selon l'esprit de cette constitution.

La rémunération des présidents des deux Chambres sera fixée par une loi de l'Assemblée générale.

Art. 4.

Du pouvoir exécutif.

§ 29. Le pouvoir exécutif est dévolu à un président de la République française. Nul ne pourra être élevé à cette magistrature suprême de l'État à moins d'avoir atteint l'âge de trente-cinq ans, et d'être né Français.

§ 30. La durée de ses fonctions sera de six années ; le vice-président remplira les siennes pendant le même temps. Il devra avoir au moins trente-cinq ans et être né en France. Tous deux seront élus de la manière suivante :

§ 31. Tous les citoyens ayant qualité pour prendre part aux élections des deux Chambres, voteront pour le président et le vice-président de la République française. Ils voteront aux mêmes circonscriptions et de la même façon que pour les membres de l'Assemblée générale.

§ 32. Les élections closes, le dépouillement des votes est fait séance tenante et publiquement par les membres du bureau et les électeurs présents.

Ils dressent une liste des candidats à la présidence qui ont obtenu des votes, et du nombre de votes obtenus par chacun d'eux. *Cette liste, ainsi que* L'URNE CONTENANT LES BULLETINS DÉPOUILLÉS, *sont cachetées et envoyées directement au président de la Chambre des représentants, qui convoque immédiatement l'Assemblée générale pour examiner et compter les votes.*

§ 33. Est déclaré élu président de la République, celui des candidats qui a obtenu le plus grand nombre de votes, pourvu toutefois que ce nombre forme la majorité de la totalité des électeurs qui ont pris part à l'élection. Si plusieurs candidats obtiennent cette majorité et un nombre égal de votes, la Chambres des représentants choisit séance tenante au scrutin l'un de ces candidats pour président.

§ 34. Il est procédé de la même façon à l'égard de l'élection du vice-président.

§ 35. En cas de destitution, mort, démission ou incapacité du président d'user des pouvoirs et de s'acquitter des devoirs de la présidence, ils seront dévolus de droit au vice-président, et, dans le cas où le vice-président viendrait à être frappé des mêmes incapacités, le président de la Chambre des représentants remplira les fonctions de la présidence jusqu'à ce que ces incapacités aient cessé ou qu'un nouveau président ait été élu à l'expiration du terme présidentiel.

§ 36. Nul ne pourra être réélu à la présidence deux fois de suite.

§ 37. A des époques déterminées, le président de la République recevra pour ses services une indemnité annuelle de un million de francs, mais il ne pourra lui être attribué, à quelque titre que ce soit, aucun autre émolument pendant tout le terme de la présidence.

§ 38. L'Assemblée générale fixera le lieu de sa résidence.

§ 39. Avant d'entrer en fonctions, les président et vice-président prêteront le serment qui suit, entre les mains du président de la haute cour de constitutionnalité, en présence de l'Assemblée générale : « Je jure solennellement de remplir fidèlement les fonctions de président de la République française ; je jure de maintenir, protéger et faire respecter la constitution de la République française. »

§ 40. Le président est commandant en chef des armées de terre et de mer.

§ 41. Il nomme sous sa propre responsabilité tous les chefs des différents départements de l'État. Ces chefs seront dénommés comme suit :

Secrétaire d'État au département des affaires étrangères, secrétaire d'État au département de l'intérieur, et ainsi de suite. Mais ces secrétaires, agissant sous la responsabilité présidentielle, ne prennent aucune part aux délibérations de l'Assemblée générale. Ils ne communiquent avec elle que par les présidents des différents comités correspondant à leur dénomination.

Le président conclut tous traités avec les puissances étrangères, mais ces traités ne peuvent avoir de force obligatoire qu'autant qu'ils auront été approuvés par les deux tiers des membres présents de la Chambre exécutive.

Les traités de commerce sont passés par le président, mais ils ne ressortent leur effet qu'après avoir été sanctionnés par la majorité de chacune des deux Chambres.

Le président nomme et désigne les ambassadeurs, les ministres, les consuls et tous les autres fonctionnaires publics sans exemption ; mais ces nominations ne sont valables qu'après avoir été ratifiées par la majorité de la Chambre exécutive. Les émoluments des fonctionnaires sont fixés par l'Assemblée générale.

Dans l'armée et la marine, le président nomme, seul, les officiers jusqu'au grade de lieutenant-colonel inclusivement : au-dessus de ce grade, les officiers ne peuvent être nommés que de l'avis et du consentement de la Chambre exécutive. Il en est de même pour tous les commandements militaires.

A l'ouverture de chaque session, et chaque fois qu'il le jugera utile, le président fera un rapport à l'Assemblée générale sur la situation de l'État ; il appellera son attention sur telles mesures qui lui paraîtront nécessaires et convenables. Dans les circonstances graves, il peut convoquer les deux Chambres, et en cas de dissentiment entre elles sur l'époque de l'ajournement, il peut le fixer au temps qu'il croira convenable.

Le président recevra les ambassadeurs et autres ministres du corps diplomatique; il veillera à la fidèle exécution des lois, et délivrera leurs brevets à tous les fonctionnaires publics.

§ 42. Les président, vice-président, secrétaires d'État et tous les fonctionnaires publics pourront être destitués par la Chambre exécutive, sur la mise en accusation de la Chambre des représentants, pour trahison, concussion ou tous autres crimes et délits graves.

Art. 5.

Du pouvoir judiciaire.

§ 43. Il sera créé, par une loi spéciale de l'Assemblée, une haute cour de justice dite : *haute cour de constitutionnalité.*

§ 44. Cette cour sera composée de huit magistrats choisis parmi les professeurs des différentes écoles de droit de la France; elle sera présidée par le doyen de la faculté de droit de Paris.

§ 45. Sa seule juridiction sera de statuer sur toutes les questions de constitutionnalité qui pourront surgir de l'application de cette constitution.

§ 46. Tout citoyen, département ou commune, qui croira ses droits ou ses intérêts lésés par l'application d'une loi qu'ils penseront contraire aux prescriptions de cette constitution, pourront appeler de la décision des tribunaux ordinaires au jugement de la haute cour de constitutionnalité, mais uniquement sur la question de constitutionnalité. Sa décision sera finale.

§ 47. Pour représenter l'État près de cette cour, il sera nommé un avocat général qui sera, en même temps, le conseiller du président.

§ 48. La haute cour de constitutionnalité se réunira deux fois par an.

Art. 6.

Des modifications à apporter à la constitution.

§ 49. Toutes les fois que les deux tiers des deux Chambres le jugeront nécessaire, l'Assemblée générale pourra proposer des amendements à cette constitution ; mais avant de devenir partie intégrante de la constitution, ces amendements devront être publiés pendant trois mois consécutifs, dans un journal de chaque localité choisi par la Chambre des représentants. A l'expiration de ces trois mois, les électeurs seront convoqués pour ratifier ou rejeter ces amendements.

Art. 7.

Dispositions générales.

§ 50. L'ordre de la Légion d'honneur est maintenu. Les émoluments attachés à la croix sont abolis. Les grades de grand officier et le grand cordon ne pourront être donnés que pour grands services rendus à l'État, et sur l'avis et consentement de la Chambre exécutive. Aucun membre de l'Assemblée générale ne pourra être décoré ou avancé dans l'ordre, s'il est déjà décoré, pendant le terme pour lequel il est élu.

§ 51. Sont et demeurent abolis tous les priviléges et monopoles, qu'ils soient exploités par l'État, par des individus ou par des compagnies civiles ou anonymes, agissant, soit pour leur compte, soit en vertu de concessions accordées par l'État.

§ 52. Toutes les professions sont libres ; celles qui sont d'ordre public seront entourées de telles garanties que l'Assemblée générale jugera nécessaires d'y attacher dans l'intérêt général.

§ 53. Les indemnités qui pourront être dues aux titulaires des charges professionnelles, seront ultérieurement fixées par l'Assemblée générale. Toutefois, les officiers ministériels continueront leurs fonctions jusqu'à ce que des lois particulières aient statué sur le mode de leur remplacement.

§ 54. Tout citoyen français sera électeur de droit aussitôt qu'il aura atteint l'âge de vingt et un ans. Le vote par procuration est interdit.

§ 55. Sont seuls privés du droit de vote, les interdits, les vagabonds, les repris de justice et tous ceux qui ont subi une condamnation infamante.

§ 56. Toutes dettes contractées par les gouvernements précédents seront respectées.

§ 57. Aucune somme ne pourra être divertie du Trésor public, sous quelque prétexte que ce soit, sans une *appropriation expresse* faite par l'Assemblée générale sous la forme d'une loi ordinaire.

§ 58. A côté du secrétaire d'État au département des finances, nommé par le président, du consentement et de l'avis de la Chambre exécutive, il sera nommé tous les quatre ans, par la Chambre des représentants, un trésorier général qui veillera aux prescriptions du paragraphe précédent.

§ 59. La presse est libre. Nul ne sera recherché pour ses opinions politiques. Tous écrivains et journalistes seront responsables de leurs ouvrages et de leurs articles. Ils pourront être poursuivis en diffamation. La preuve des faits articulés contre le laignant sera admise, mais seulement en mitigation de dommages. Mais lorsqu'il s'agira de faits entachés de criminalité, le témoignage verbal sera écarté pour n'admettre que le dossier judiciaire établissant la culpabilité du plaignant ou du défendeur au procès.

§ 60. Les domaines de l'État étant une charge pour le peuple, l'Assemblée générale pourra en disposer selon qu'elle le jugera convenable. S'ils sont affermés, leurs revenus seront déposés au Trésor public pour être appropriés au développement des écoles publiques ; s'ils sont vendus, leur produit sera appliqué à l'amortissement de la dette nationale.

§ 61. Le secret de la correspondance est inviolable. Tout employé de la Poste ou fonctionnaire public convaincu d'avoir brisé le cachet d'une lettre, sera destitué et condamné à telle peine qui pourra être établie par une loi réglant la matière.

§ 62. Le domicile et la personne du citoyen sont inviolables. Il ne pourra être arrêté ou aucune perquisition opérée chez lui, sans un ordre lancé par un tribunal compétent, basé sur une accusation nettement formulée et assermentée, soit par un individu, soit par un fonctionnaire. Et, dans le cas où l'accusé serait acquitté, il aura un recours en dommage contre ceux qui auront déposé la plainte contre lui, le tout sans préjudice d'une action criminelle en parjure contre ceux qui auraient prêté le serment d'accusation.

§ 63. Tout fonctionnaire public sera responsable, vis-à-vis des tiers, des actes illégaux qu'il pourra commettre dans l'exercice de ses fonctions.

§ 64. Aucune peine emportant privation de la liberté ne pourra être prononcée que par un jury.

§ 65. La détention préventive ne pourra, dans aucun cas, durer plus de quarante-huit heures. L'instruction devra être parfaite dans ce temps.

§ 66. Dans toute poursuite criminelle, l'accusé aura le droit de choisir un avocat, et s'il néglige ou ne peut s'assurer le concours d'un membre du barreau, le président du tribunal devra nommer un avocat d'office pour le défendre. L'accusé aura le droit d'entendre les témoins à charge et de faire citer, aux frais de l'État, les témoins à décharge. Tous ces témoins pourront être interrogés par l'avocat de l'accusé, sans aucune entrave apportée à ce droit par le juge présidant les débats. Nul témoignage écrit, lettre ou correspondance ne pourra être lu au jury, à moins qu'ils n'aient été préalablement communiqués à l'accusé, qui, dans ce cas, aura le droit de faire venir à l'audience l'auteur de l'écrit, ou d'obtenir une commission rogatoire à l'effet de le contr'examiner.

§ 67. Désormais l'interrogatoire des accusés est aboli; celui des témoins sera fait et conduit par l'avocat délégué pour représenter le ministère public. Le président ne pourra intervenir dans les débats contradictoires de l'accusation et de la défense, que pour les résumer avec impartialité, et faire respecter les droits constitutionnels de l'État et de l'accusé.

§ 68. Le cumul est formellement interdit; nul ne pourra, en même temps, exercer plusieurs fonctions rétribuées, et nul fonctionnaire rétribué ne pourra être élu à l'Assemblée générale.

§ 69. Les émoluments attribués à chaque fonctionnaire seront fixés par une loi.

§ 70. L'enseignement est libre; il pourra se fonder des universités ayant le pouvoir de délivrer des diplômes; mais elles devront avoir la forme d'une corporation et obtenir une charte de l'État. Les écoles de médecine et de droit demeurent seules écoles d'État.

§ 71. Toutes les religions sont libres. L'Etat ne reconnaît et ne subventionne aucun culte. Les différents cultes sont subventionnés par leurs paroissiens respectifs.

§ 72. Chaque département sera administré par un conseil général; ses attributions, ses droits et ses devoirs seront définis par une loi spéciale et générale s'appliquant à tous les départements. La République pourra, si elle le juge nécessaire, déléguer près de ces conseils généraux un commissaire du gouvernement qui sera nommé de la même façon que les autres fonctionnaires publics.

§ 73. Toutes les lois, décrets ou ordonnances contraires à l'essence, à l'esprit et à la lettre de cette constitution, sont et demeurent rappelés. Cependant, ils continueront à être appliqués jusqu'à ce que l'Assemblée générale les ait remplacés par une législation conforme à cette constitution.

§ 74. La première Assemblée générale qui se réunira sous l'empire de cette constitution, ne pourra s'ajourner avant d'y avoir pourvu.

Art. 8.

Ordonnance.

§ 75. Aussitôt après l'ajournement de la Constituante, le président du gouvernement de la défense nationale devra faire publier cette Constitution *in extenso* dans le principal journal de chaque localité pendant quinze jours. A l'expiration de ce temps, il lancera une proclamation convoquant les électeurs dans leurs circonscriptions ordinaires, à l'effet de ratifier ou de rejeter cette Constitution.

Les bulletins seront ainsi conçus :

« Je vote pour la Constitution. »

« Je vote contre la Constitution. »

Dans le cas où la Constitution serait adoptée par la majorité des électeurs votants, le président du Gouvernement de la défense nationale lancera une nouvelle proclamation convoquant les électeurs, à l'effet d'élire le président, le vice-pré sident de la République française, ainsi que les membres des deux Chambres de l'Assemblée générale.

Cette élection devra être effectuée en un seul jour, et simultanément, dans toute l'étendue du territoire de la République française.

Si la Constitution était rejetée, le gouvernement devra immédiatement réunir une nouvelle Assemblée constituante.

Adopté par la Constituante, le..., etc.

PARIS.—PAUL DUPONT, RUE J.-J.-ROUSSEAU, 41. — 369.H.71